© 2020, Loïs Cathalo
Édition : BoD – Books on Demand,
12/14 rond-point des Champs-Élysées, 75008 PARIS
Impression : BoD – Books on Demand, Norderstedt, Allemagne

ISBN : 978-2-3222-5512-2

Dépôt légal : octobre 2020

Chroniques félines

LEÏLA, CHATONNE

Loïs Cathalo

Je réponds, s'il me plaît, au nom de Leïla.

Je suis née au sein d'une portée de cinq chatons que Maman a mise au monde le dernier jour de l'année des humains 2017.

Mon père est, paraît-il, un caïd de gouttière qui a su charmer Maman une nuit de froidure, à Paris du côté de la Grange aux Belles.

Mon humaine m'a nommée Leïla car ce mot signifie *la nuit* dans deux langages humains qui, selon elle, gagnent à s'entendre.
Pour ce qui m'intéresse, *la nuit* est une allusion directe à mon beau pelage noir, hérité de Maman.
Je tiens sans doute de mon père mon poitrail blanc et mes yeux dorés.

La famille d'humains qui hébergeait Maman était sans chichis. On nous laissait nous amuser et courir partout sans restriction : « *libres chatons de Summerhill* », disaient-ils.
Maman était moins permissive. Elle nous éduquait : la litière, la toilette après le repas, les longues heures de sommeil obligatoires pour restaurer notre énergie, les griffes rétractiles…

En fait, elle éduquait surtout mes quatre frères et sœurs car j'étais, des cinq, la plus petite, la plus malingre, la moins forte, la moins prometteuse.

Suivant en cela l'instinct de tous les fauves – et peut-être de tout le vivant – Maman privilégiait les chatons les plus forts, à mon détriment. J'étais toujours la dernière arrivée pour l'allaitement, je n'avais que les dernières gouttes ; et seulement lorsque je parvenais, à coups de crocs et de griffes, à me frayer un chemin jusqu'au téton tant désiré mais peut-être déjà sec.

Maman ne m'a pas appris à rentrer mes griffes.

Le docteur Pron explique que c'est parce qu'elle n'a pas voulu perdre du temps à m'éduquer alors que j'étais le pourcentage potentiellement non viable de la portée.

J'aime à croire que c'est aussi une chance qu'elle m'a laissée de pouvoir me défendre et me battre pour ma survie.

PREMIER À LA TÉTÉE :
MON FRÈRE MÉPHISTO

J'ai un peu tardé à vous le présenter, volontairement, car il n'a que trop tendance à jouer les indispensables.

Mais je dois vous dire qu'indispensable, il l'est pour moi.

Ce grand gaillard aux pattes puissantes poussait nos frères et sœurs pour me permettre de grappiller les quelques gouttes de lait nécessaires à ma survie. Et quand je ne parvenais pas à gagner à force de ténacité ma place au chaud dans le giron de Maman, je me blottissais tout contre lui pour des siestes malgré tout réconfortantes.

CATNAPPING : NOUS VOYAGEONS

Lorsque nous fûmes âgés de trois mois, la famille Summerhill commença à nous nourrir de croquettes car Maman se lassait de nous allaiter.

À la même période, ils décidèrent de nous séparer pour nous envoyer vivre chacun chez des humains différents et ne garder chez eux que notre mère.

C'est ainsi qu'un beau matin, trois humains presque inconnus m'attrapèrent malgré mes cris et me calèrent au fond d'une sorte de cage en tissu épais.

En suivant, ils y plongèrent également Méphisto, ce que je trouvai tout naturel. Je ne manquai pas de lui reprocher de prendre toute la place dans le sac.

Notre transport encagé dura jusqu'en fin d'après-midi. « *Nous descendons vers le sud, il fait plus chaud, en diagonale vers l'ouest, le vent porte de l'humidité* », affirma mon frère avec l'assurance qui caractérise le premier de portée.

« *Si tu le dis* », opinai-je entre deux haut-le-cœur, avec le fatalisme du dernier de portée, pour qui tout est survie.

Pour la forme, nous refusâmes toute nourriture durant le voyage et gratifiâmes nos catnappers de miaulements aussi inlassables que stridents.

Cependant, par un accord tacite entre nous, nous nous abstînmes de souiller notre cage.

Enfin, une main empoigna notre sac, le sortit de la voiture et le porta jusqu'à un appartement humain plein de nouvelles odeurs. Le monde changea alors. Tout fut nouveau et, malgré notre tristesse et notre inquiétude d'être séparés de Maman, la curiosité nous permit de découvrir ce qui serait notre vie, et de nous y adapter. Ma vie de Leïla commençait.

NOTRE HUMAINE : UNE ÉDUCATION À FAIRE

Méphisto identifia immédiatement « notre » humaine.
Elle n'avait pas pris part à notre voyage ; mais nous l'avions croisée deux ou trois fois chez Maman, et elle était dans l'appartement à notre arrivée.

« Ça sent son odeur partout ici. Je t'assure que c'est elle », affirma mon frère, et il la regardait déjà avec des yeux enamourés.
Je conservai plus de réserve, naturellement.

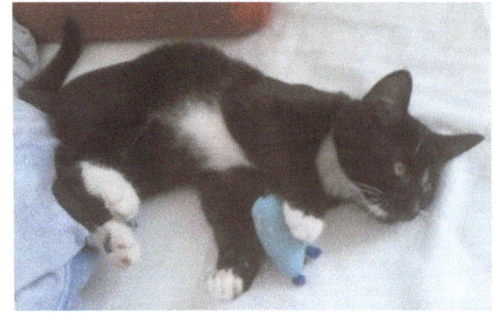

Mais je ne demandais qu'à faire confiance.
Et puis, il était là, lui.

L'appartement était petit, mais nous n'y demeurâmes pas longtemps. Il était encombré de cartons, caisses et sacs dont certains n'étaient pas fermés, ce qui nous permit des excursions fabuleuses, des roulés-boulés mémorables et des courses-poursuites endiablées. Notre humaine n'était pas en reste ; dotée d'un don manifeste pour le jeu, elle nous traquait jusqu'au fond des caisses et nous poursuivait jusque sous les meubles, en chantant à tue-tête une ritournelle qui, encore à l'heure où je dicte ces lignes, nous met en joie tous les trois : « *On n'est pas à une bêtise près, faisons-la et voyons après...* » [chanson de Renan Luce – note de mon humaine].

C'est durant ces deux semaines que nous posâmes les bases de notre vie à trois.

Notre humaine n'avait aucune expérience féline.

Nous dûmes tout lui apprendre : l'importance d'un apport généreux en croquettes, la nécessité d'une hygiène parfaite de notre litière, le plaisir de se sauter dessus à l'improviste, de bondir pour attraper la queue du Mickey, de nous réconforter par de tendres caresses et des cocons moelleux.

Durant quelques semaines, elle ponctuerait nos activités de brusques exclamations, comme :

« - Rentre tes griffes, Leïla !

- Si tu mords, Méphisto, on ne joue plus !

- Tu ne peux pas faire pipi dans la litière, bon sang ?!

- J'en ai marre de passer ma vie à nettoyer !

- Sors de là !

- NON, tu ne montes pas sur la table quand je mange ! »

Sur ce dernier point, je me permets de signaler que notre humaine est un peu regardante. Quand elle mange, elle nous interdit strictement de venir piocher dans son assiette. Nous avons vite renoncé à tenter notre chance car cette humaine, si laborieuse à nous comprendre par ailleurs, sait employer l'intonation sans ambiguïté du lion dominant lorsqu'il s'agit de défendre sa nourriture. Elle croit bon ensuite de nous expliquer :

« *Je ne viens pas manger dans vos écuelles, alors ne venez pas manger dans mon assiette !* »

Voilà bien la logique égoïste des humains ; je suis prête, moi, à partager mes croquettes avec elle ! Du moins, un petit peu.

Je dois lui rendre cette justice de préciser qu'un poulet ou un poisson n'est jamais dégusté chez nous sans qu'une portion, décente quoique congrue, atterrisse dans nos écuelles.

NOUVEAU DÉMÉNAGEMENT : DÉCOUVERTE MERVEILLEUSE

Au tout début du mois de mai, les humains qui nous avaient transportés pour notre premier voyage firent leur réapparition. Ils m'enfermèrent à nouveau, avec mon frère, dans la cage en tissu. Le trajet fut bien plus court cette fois-ci et nous découvrîmes ce qui serait notre domaine.

L'aperçu d'un monde paradisiaque nous fut d'abord offert, puis immédiatement retiré.

La maison traversée – plus vaste que l'appartement et disposant d'un escalier intérieur – s'ouvrait sur un espace clos de murs mais non couvert. Un espace sans toit, presque sans meuble, entièrement végétal, envahi de petites créatures animales.

Nous n'avions jusqu'alors connu qu'un environnement strictement urbain. Le végétal nous était inconnu, à l'exception d'une fougère qui m'avait fascinée à l'arrivée chez notre humaine. Et tout à coup, un maelström de senteurs enivrantes flattait nos narines frémissantes et une sarabande de petits insectes, fourmis, lézards, papillons, araignées... nous disputait les lieux.

Mes instincts s'éveillèrent, ma curiosité s'aiguisa ; tout en moi savait qu'il s'agissait là du vrai monde : la Nature. Mon monde, mon territoire, les merveilles de la vie.

Je sentais la terre et l'herbe sous mes pattes. Du haut de mes quatre mois, je commençai une timide exploration sous le regard attendri des humains.

D'aussi intenses émotions me guidaient en délicatesse. Elles eurent malheureusement sur mon idiot de frère un effet différent.

Toute subtilité bue, Méphisto n'eut d'emblée qu'une idée : sauter de l'autre côté du mur.

Moyennant quoi, au bout de cinq minutes passées dans cet Eden, il bondit soudainement sur le rideau de lierre qui couvrait le muret, s'y agrippant de ses quatre pattes grâce à sa déjà puissante musculature et ses griffes de petit fauve.

Si un humain ne l'avait pas rattrapé *in extremis*, il serait passé de l'autre côté, hors du territoire. Exclamations et rires fusèrent parmi les humains. Mon frère râla et se débattit comme un furieux.

Pour résultat, nous restâmes deux semaines de plus enfermés dans une petite pièce avec notre panier, notre litière et nos écuelles. Un réjouissant arbre à chat placé près de la fenêtre nous permettait de regarder de loin, avec envie, notre paradis si tôt perdu.

Ce fut une période pénible car notre maison était pleine de cartons, de matériaux, d'outils et d'humains qui venaient de temps en temps jouer du pinceau ou du marteau. Pas assez souvent au goût de notre humaine, dont l'humeur se faisait plus exécrable à mesure que les travaux traînaient en longueur.

Notre humaine partait le matin après avoir changé notre litière et renouvelé notre ration de croquettes. Nous passions toute la journée dans notre chambre, peu rassurés et curieux à la fois, désireux surtout de retourner au jardin. Le soir, notre humaine rentrait, hurlait, téléphonait, jouait un peu avec nous mais sans l'enthousiasme des semaines précédentes. Elle nous laissait faire quelques pas dans la maison entre poussière, plâtras, outils, meubles entassés et objets en vrac.

Mais la baie vitrée de la cuisine restait désespérément fermée.

Et nous rentrions à la chambre pour une longue nuit de confinement.

Enfin, aux alentours de la mi-mai, notre humaine nous libéra. Les travaux étaient finis ou presque. Elle descendit notre litière dans la cuisine, ainsi que notre arbre à chat qu'elle plaça contre la baie vitrée. Et cette baie vitrée, porte du bonheur, elle l'ouvrit.

NOTRE TERRITOIRE !

Notre territoire, tel que défini par les humains, était sympathique, cependant nous n'allions pas nous en contenter. La maison et le jardin constitueraient notre base, notre QG. Les deux jardins mitoyens, nos dépendances. Les jardins alentour, notre domaine. Nous partîmes en exploration avec enthousiasme. Enivrés par les senteurs multiples du printemps, celle de la terre au petit matin (ma préférée), celles des fleurs, des plantes de toutes sortes, nous bondissions joyeusement, notre pelage frémissant sous la caresse du vent, la chaleur du soleil, le crépitement de la pluie.

Nous expérimentâmes nos capacités physiques : notre souplesse, notre rapidité et nos muscles, qui chaque jour se renforçaient, nous permettaient de grimper partout et de sauter du muret à l'arbre, de l'arbre au toit, du toit à la palissade, de la palissade au banc, du banc à la terrasse, de la terrasse aux genoux de notre humaine.

Nous fîmes la connaissance des autres humains du pâté de maisons, nos voisins ; certains nous offrirent des friandises et devinrent nos amis. J'aime particulièrement l'humain du lotissement qui me donne du thon et me parle gentiment sans essayer de m'attraper. Si un jour notre humaine me chasse ou qu'elle est croméchante, je saurai où demander asile.

Enfin, et surtout, nous fîmes la connaissance des autres chats du quartier. De leurs pipis d'abord, grâce auxquels ils tentèrent de limiter l'extension progressive de notre territoire ; mais sur ce point, mon intraitable frère lutta patte à patte et pipi sur pipi.

Une dizaine de chats de tous âges croisaient dans les environs. Ils avaient tous une maison et des humains personnels. Ils se connaissaient entre eux et vivaient à peu près en paix.

Deux matous animaient particulièrement le quartier par leur antagonisme, leurs amours, leurs bagarres, et leur caractère mêle-tout qui les amenait toujours au dernier salon où l'on miaule. Je vous les présente :

Un vieux de la vieille plein de cicatrices, qui grommelle au lieu de miauler et se bat sur tous les fronts. Il est blanc aux yeux bleus. Mon humaine l'appelle Blanco à cause de sa couleur – j'ai remarqué que la superficialité des humains les pousse souvent à se focaliser sur la couleur. Mon humaine adore ce chat. Moi aussi...

Un grand matou marron tigré qui se prend pour le plus beau du quartier et parade sur les murets pour se faire admirer des chattes. C'est vrai qu'il a fière allure. Mon humaine l'appelle Chasanova, mais là j'ignore pourquoi.

Blanco et Chasanova sont donc les permanents du coin. Ils urinent partout, se disputent, se battent, mais n'embêtent pas trop les autres chats, plus neutres, que nous croisons au fil de nos promenades et expéditions.

LES MATOUS

Pour ce qui me concerne, à peine avais-je fait mon entrée dans cette société que les deux matous me témoignèrent leur intérêt.

Je préférais Blanco et j'aurais bien aimé jouer avec lui. Mais après deux lancers de baballe, il crachait un « *grrmmbll pfftt* » et s'éloignait.

Chasanova, quant à lui, n'accordait aucune attention à mes jouets.

Il n'arrêtait pas de me tourner autour en reniflant et en miaulant des flatteries mais aussi des grossièretés. Blanco lui criait d'arrêter. Parfois mon galant s'en fichait, parfois il le rejoignait pour se battre. Je n'étais pas totalement insensible aux assiduités de Chasanova.

Ce chat a du charme et des arguments convaincants, c'est un beau matou.

Un soir, il allait m'embrasser lorsque mon frère s'est interposé. « *Qu'est-ce que tu me veux, moucheron ?* » a dit Chasanova en toisant le chaton d'un gabarit trois fois inférieur au sien.

Au diable mon bête frère qui se mêle de ce qui ne le regarde pas !

Le lendemain, Chasanova s'est mis à me mordiller les oreilles. Ça ne me plaisait pas, j'ai miaulé : « *arrête, laisse-moi !* » mais il a continué. J'avais peur. Méphisto a déboulé et a miaulé contre Chasanova qui, en réplique, lui a claqué la truffe avec ses grosses pattes (griffes rentrées : dans le code d'honneur des chats, un adulte ne blesse pas un chaton. C'est le docteur Pron qui l'a expliqué à mon humaine). Mais les cris de mon frère avaient attiré notre humaine ; Chasanova fut expulsé sans ménagement, malgré ses objections crachouillantes.

Merci mon courageux frère, toujours là pour me protéger !

C'est à ce stade qu'intervint monsieur Pron.

RÔLE MYSTÉRIEUX DU DOCTEUR PRON

Une fois Chasanova chassé, notre humaine nous fit rentrer dans la maison. Je sentis sa nervosité. Elle téléphona longuement. Elle ferma la baie vitrée et les fenêtres. Elle nous garda enfermés trois jours et trois nuits durant.

Au matin du quatrième jour – un lundi – elle me plongea avec mon frère dans la cage en tissu et nous porta chez le docteur. Nous étions âgés de 5 mois et 5 jours.

Nous connaissions déjà le docteur Pron car il nous avait vaccinés et pucés un mois plus tôt. Il ne fait pas mal. Il est gentil.
Son assistante est très gentille et ne fait pas du tout mal.

Nous restâmes chez lui toute la journée et je n'en garde pas le moindre souvenir, si ce n'est celui d'une longue sieste polluée par des odeurs désagréables. Notre humaine nous ramena à la maison le soir venu. Je n'ai jamais compris le motif de cette journée passée chez le docteur Pron.

Méphisto se rappelle que nous étions fatigués le lendemain et que nos pattes arrière étaient un peu douloureuses.

Lorsque nous contâmes l'affaire aux chats du quartier, certains nous confièrent avoir vécu la même aventure. Chasanova insulta le docteur Pron ; Blanco dit qu'il avait toujours été satisfait de ses talents pour recoudre ses blessures ; Chasanova rétorqua que c'était là double mal. Ensuite, ils se battirent.

Chasanova cessa de me tourner autour.

Méphisto en déduisit que Chasanova avait eu peur de lui et avait compris qu'il se frottait à trop forte partie.

Notre premier été commençait. Il fut tout en émotions et en découvertes.

PREMIER ÉTÉ

Nous avions la chance d'être deux. Nous pouvions comparer nos expérimentations, apprendre plus vite des échecs et des réussites de l'autre, nous entraider, nous alerter, nous montrer l'exemple.

J'appris aussi en observant les autres chats, les chadultes, surtout Blanco qui connaît tout et a de l'indulgence pour ma naïveté de chatonne.

L'exploration du territoire occupa l'essentiel de notre temps au début. Nous visions les hauteurs : les murs, les toits, les arbres.

Ah, les arbres ! Se faire les griffes sur le tronc, humer la bonne odeur de l'écorce, et grimper, attirée par les piaillements des drôles de bestioles ailées, tout là-haut...

J'ai toujours été plus prudente que mon frère et je m'en félicite. Un soir, Méphisto grimpa, sans se soucier du retour, au sommet du gigantesque cerisier des voisines. Ses miaulements aigus et désespérés transpercèrent le crépuscule, attirant l'attention des humains que je guidai jusqu'au lieu du supplice que mon idiot de frère s'était lui-même infligé. Il fallut plus d'une heure pour qu'enfin, branche après branche, tâtonnant et tremblant, l'aventurier puisse parvenir jusqu'aux bras réconfortants de notre humaine.

Le lendemain soir, il récidivait.

J'en conclus qu'il faisait l'intéressant.

LA CHASSE : MOI, PANTHÈRE

Notre plus extraordinaire découverte fut la chasse. Avec ébahissement, je ressentis dans mes jeunes pattes, mon jeune cerveau, mes sens à l'aube de leur épanouissement, toute l'expérience de mes ancêtres félins qui me conféraient mieux qu'un savoir : un instinct !
Tous mes gestes étaient nouveaux mais aucun ne m'était étranger. Je me comportais selon ma nature. Je n'avais rien à apprendre ; j'avais l'instinct.

J'alignai tout de même les échecs, au début. Les jeux de chasse tourbillonnants avec notre humaine avaient constitué un entraînement, mais face à une proie qui s'anime toute seule, la difficulté est majeure. Soit que l'animal : lézard, souris, oiseau, fût plus rapide que moi ; soit qu'il partît dans une direction inattendue ; soit qu'un chadulte qui m'observait de loin jugeât utile de me voler ma proie juste sous ma truffe. J'étais très en colère en de telles occasions. J'aurais volonté effacé le sourire narquois de Chasanova d'un bon coup de griffe. Mais leur friponnerie était formatrice : forte d'une méfiance accrue, j'aiguisai mes sens du guet et je gagnai en agressivité.

LA NUIT : MOI, LEÏLA

La nuit est mon amie. Je porte son nom – ou porte-t-elle le mien ?

Sauf circonstances particulières, notre humaine laisse toujours ouvert un passage vers l'extérieur. Aujourd'hui c'est un panneau battant découpé dans le bas de la baie vitrée ; mais à l'époque, c'était la fenêtre de la salle de bains. Nous étions assez fluets pour passer entre les barreaux, de sorte que nous pouvions sortir et rentrer à notre guise.

La nuit, je reste dehors de longues heures. Je découvris émerveillée que durant la nuit, les humains s'enferment dans des espaces intérieurs et réduisent considérablement leurs bruits, leur présence et leurs nuisances. La nature devient plus perceptible : le frémissement du vent dans les feuilles et l'odeur du mulot en goguette remplacent le vacarme des moteurs et la puanteur de l'essence.

Les humains se demandent toujours ce que les chats font pendant la nuit. Je réponds que cela ne les regarde pas. Je ne me demande pas ce qu'ils font dans leurs chambres.
D'ailleurs, notre humaine nous interdit formellement l'accès à la sienne, allant jusqu'à prétendre qu'un lion y réside.

Donc je ne révélerai rien de mes activités nocturnes, quand bien même elles impliqueraient un hippopotame ou un Magyar à pointes.

Il est tout de même pratique de pouvoir rentrer à la maison librement, même en pleine nuit quand notre humaine est dans son sanctuaire. Un orage se déchaîne, un chadulte enragé me poursuit : je cours me réfugier devant la porte du sanctuaire. Si je pleure avec insistance, et beaucoup de chance, mon humaine apparaîtra échevelée pour me réconforter en maugréant.

Je croise mon frère occasionnellement lors de mes promenades, diurnes ou nocturnes. Il a ses chamarades, j'ai les miens. Parfois nous faisons front ensemble contre un prédateur de territoire ou de chasse. Je n'aime pas que mon bête frère me colle et se mêle de mes affaires. Mais j'aime que mon cher frère soit là pour me rassurer et jouer avec moi.

DANS LA MAISON

Il semble que les humains ne se nourrissent que lorsqu'il fait jour. Nous, les chats, mangeons jour et nuit.

À cet effet et parce que la chasse n'est pas toujours fructueuse (ou est-ce pour ne pas se déranger ?), notre humaine a installé dans la cuisine une prodigieuse machine qui, à heures régulières, nous appelle : « *Leïla ! Méphisto !* » et déverse dans une écuelle encastrée de respectables portions de croquettes.

Ceci nous permet d'être nourris même en l'absence de notre humaine. Je voue une adoration à cette machine qui fait des jaloux parmi les chamarades du quartier.

Ma vie de chatonne s'est épanouie à l'extérieur, mais à l'intérieur se sont ancrés mes attachements. Je suis profondément émue et rassurée lorsque, de retour à la maison, quelle qu'ait été la durée de ma promenade, je retrouve mon cadre familier : mon arbre à chat, mes écuelles, mes coussins, mes jouets, mes coins préférés, mon frère, mon humaine.

Mon frère et moi nous battons souvent pour nous entraîner à la lutte : vigilance, langage du corps, ruses, réflexes, stratégie... Au début, notre humaine intervenait pour nous séparer. Nous lui avons fait comprendre que cela nous contrariait. Alors elle nous laisse nous bagarrer sans s'en mêler. Sauf quand je pousse un cri d'agonie pour faire gronder Méphisto !

Parmi les pièces de la maison, la cuisine a ma préférence pour des raisons que je vous laisse deviner.

J'éprouve également une prédilection pour la salle de bains car c'est un lieu d'échanges passionnants et d'intimité exquise avec mon humaine.

J'y ai notamment découvert, avec stupéfaction, que les humains ne sont pas faits comme nous. Nous, les chats, possédons un pelage que nous entretenons soigneusement comme Maman nous l'a enseigné. Il épaissit ou s'allège au gré des saisons mais nous le portons toujours sur nous. Les humains possèdent, eux, plusieurs pelages amovibles de différentes épaisseurs et de couleurs variées. Ils en changent à volonté et les nettoient dans une machine qui fait du bruit. Ils nettoient leur corps sans pelage dans une machine plus grande, en se frottant avec de l'eau. Que d'histoires, les malheureux ! Je les plains d'être si peu gâtés par la nature. Une bonne langue râpeuse, une salive de qualité, et voilà tout, le chat allie la simplicité à l'efficacité. Notre toilette est économique et n'épuise pas les ressources de la planète.

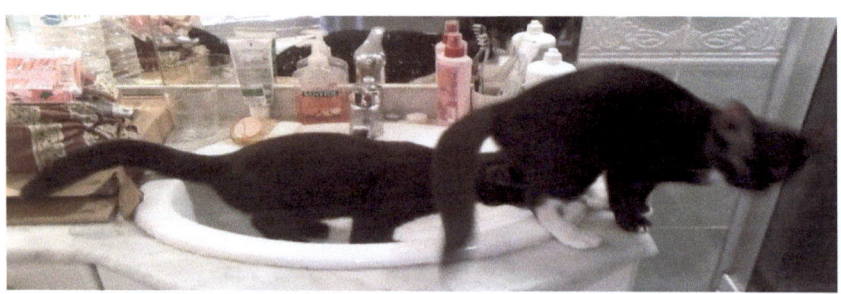

Si le pelage amovible des humains leur apporte bien des complications, il m'apporte, à moi, bien des plaisirs. En effet, ces pelages sont souvent doux, moelleux, et quand plusieurs pelages sont superposés, je peux, si mon humaine est d'humeur câline, me glisser sous son bras entre deux pelages et m'y faire un petit nid confortable. J'entends les battements de son cœur, je m'assoupis bien au chaud...

Parfois, mon humaine laisse traîner un pelage sur un meuble. Je saisis alors l'opportunité de m'y lover douillettement pour de longues siestes, si je n'ai pas la désagréable surprise d'y débusquer mon frère. Au début, je pensais qu'elle disposait ces pelages à notre attention, pour notre confort ; mais souvent elle grommelle, avec sa mauvaise foi typiquement humaine, qu'elle en a assez de voir ses vêtements (c'est par ce mot qu'elle désigne ses pelages) pleins de poils de chats. Quoi !! Nos pelages valent bien les siens !! Et elle ne se gêne pas pour nous tripoter sans faire la dégoûtée dès que l'envie l'en prend !

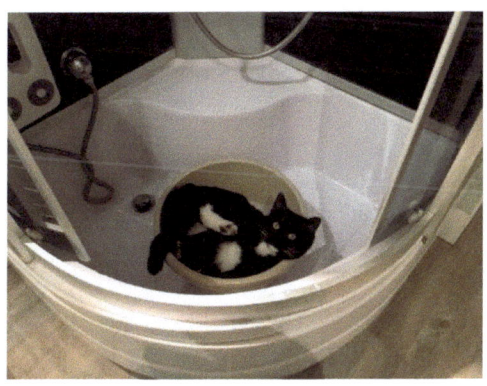

Également, dans la salle de bains, mon humaine frotte souvent son corps sans pelage avec des substances qui sentent bon. Mon frère dit que ce sont des produits chimiques qui puent mais il a tort. Il devrait ramoner sa truffe. Beaucoup de ces agréables senteurs sont vraiment naturelles, vous pouvez faire confiance à ma truffe de chatonne curieuse et délicate. Un pétale de rose est un pétale de rose ; et si Monsieur-je-crois-tout-savoir n'aime pas l'odeur de la fleur de tiaré, c'est parce qu'il est un peu rustre.

LES HUMAINS ET LE CHATMAN

Parfois, d'autres humains viennent à la maison. En général, je les apprécie.

Il y a les trois humains familiers qui nous ont transportés de chez Maman à notre humaine puis à notre maison. Ceux-là, je les aime fort et j'ai confiance en eux.

Il y a aussi un humain qui trouve amusant de m'appeler d'un air prometteur pour me montrer sa main vide en rugissant de rire. Je suis bien obligée de le tolérer puisque mon humaine fait « *hi hi hi* » avec une expression nunuche et met du parfum et des couvre-pattes à talons hauts quand il est là. Mon frère lui voue une détestation non négociable. Il aimerait faire pipi sur ses affaires mais une obscure crainte des conséquences le retient.

Et puis, il y a un humain très spécial pour nous : notre Chaman (chat-man) Cédric. C'est un humain crogentil qui vient nous nourrir et jouer avec nous lorsque notre humaine s'absente pour plusieurs jours et nuits. Cédric est mon ami. Il me brosse et me console d'être abandonnée par mon humaine et il ne gronde pas quand il trouve un pipi sous sa chaussure (le pipi c'est pas moi, c'est Méphisto qui marquait son territoire quand il était chaton mais maintenant on va toujours, toujours, faire nos besoins dans la nature).

Un bel été passa qui me vit m'épanouir avec enthousiasme et toujours plus d'assurance, craintive mais confiante, curieuse de tout.

Mon humaine dit que je ne tiens pas en place. Comme tout m'intéresse, je bondis et je gambade tout le temps : je saute sur les genoux de mon humaine pour un câlin, mais un bruit me fait peur, un mouvement attire mon attention, un papillon est si joli, ces croquettes sont bien appétissantes, le yorkshire aboie chez les voisins, mon frère m'embête mais je vais le bagarrer, et hop la baballe c'est moi qui l'attrape !!

Je voulais un câlin, pourquoi t'es-tu levée, humaine ? Bon, je vais faire une sieste alors. Non, pas dans mon panier ; sur ton pull noir tout doux, et noir sur noir je deviens invisible, tu me chercheras partout !!

L'INFÂME RÉGIME

Hélas, le bel été a laissé place à un automne d'abord agréable avec ses brises douces, puis de plus en plus froid et pluvieux. Les oiseaux et les souris se sont cachés. Les insectes et les fleurs ont disparu. Les arbres ont perdu leurs feuilles et moi, chatonne, j'ai perdu mon enthousiasme. Je me suis sentie triste et inquiète.

Alors mon épanouissement a pris d'autres formes.

Notre humaine nous nourrissait bien : pâtée le matin, pâtée le soir et croquettes à volonté grâce à la supermachine. Les voisins me proposaient souvent des en-cas et des friandises. Je grandissais, je forcissais. Je grossissais.

Vers la fin de l'automne, j'avais alors dix mois, mon humaine a commencé à me regarder avec réprobation. Je n'ai pas compris pourquoi ; mais cela m'a rendue nerveuse. L'inquiétude et le temps fraîchissant m'ont poussée à manger davantage. J'ai toujours apprécié la nourriture – ce d'autant que j'en ai manqué pendant mes premiers jours – mais je devins travaillée en permanence par le besoin de manger.

Mon humaine m'emmena consulter le docteur. Monsieur Pron me posa sur une humiliante balance et livra son verdict en un seul mot, que je haïrais à jamais : RÉGIME.

Mon calvaire commença dès notre retour du cabinet du vétérinaire. Mon humaine mit le distributeur de croquettes hors-service. Elle réduisit drastiquement mes portions : je n'eus plus droit qu'à de petites doses de croquettes avec de petites portions de pâtée, deux fois par jour.
J'allai quémander chez nos voisines, qui ne virent aucun inconvénient à me garantir un double repas. Malheureusement, mon humaine harangua tout le voisinage pour obtenir que l'on m'affamât infâmement.

Mon frère n'était pas soumis aux mêmes restrictions alimentaires que moi. De toutes façons, il s'en fiche ; il mange parce que c'est nécessaire mais il n'est jamais anxieux de manquer. Il est cependant gourmand ; avec ses mines enjôleuses, il obtient plein de bonnes choses dont il raffole.

Parfois, il vole. Cela m'arrive aussi. Un jour, j'ai chipé une merguez des restes du couscous. Plus jamais je ne planterai mes crocs dans cette viande abominablement épicée. Les stupides humains se sont tordus de rire.

Donc mon frère avait à manger. Aussi, à peine avais-je fini ma minuscule portion de pâtée, que je me jetais sur celle de Méphisto qu'il venait d'entamer. Il me laissait faire. Il m'a toujours laissée manger sa part. C'est le meilleur des frères qu'une chatonne puisse avoir.

Hélas, mon humaine, décidée à me faire maigrir, criait et m'attrapait malgré mes pleurs. Elle a fini par éloigner nos écuelles de trois bons mètres l'une de l'autre. Elle montait la garde près de celle de Méphisto jusqu'à ce qu'il ait terminé.

J'ai tenté de perforer et piller le sac de réserve de croquettes. Mon humaine l'a mis sous clef.

Je souffrais. Je me sentais incomprise, en danger, mal aimée.

Entièrement dépendante de mon humaine pour ma nourriture, puisque la machine qui assurait mon autonomie avait été confisquée.

Alors j'attaquai cette humaine maltraitante. Je me mis à casser des objets. Un vase d'abord, dont le bris la réveilla en pleine nuit. Comme elle me gronda à peine et ne restitua pas la machine, je fis tomber d'autres objets, sans succès.

Je visai plus haut. Je détruisis sa cafetière électrique en la balançant de son support. Privée de son plaisir du matin, mon humaine entra en fureur, à ma grande – mais vaine – satisfaction.

Ce fut la fin du mois de décembre 2018.

Mon humaine rentra d'une semaine de vacances au cours de laquelle je n'avais pu circonvenir Cédric mon Chaman, dont l'honnêteté scrupuleuse résista à mes objurgations désespérées : pas de rab.

Je trouvai mon humaine un peu changée. Elle semblait revenir moins bête qu'elle était partie. Elle avait, disait-elle, lu quelque chose. Je demeurai circonspecte.

Une semaine plus tard, alors que l'année 2019 et ma deuxième année de vie commençaient, mon humaine apporta à la maison un énorme sac de croquettes d'un nouveau modèle.

Je goûtai. Je n'avais jamais rien dégusté de plus savoureux. Croquantes mais fondantes, pas trop sucrées, pas trop salées, merveilleusement digestes, ces croquettes avaient presque le goût d'une bonne chasse en pleine nature.

Une petite flamme se ranima en moi.

« *Ouais ! Ce sont de bonnes croquettes*, commenta Méphisto. *Humaine chérie, puis-je avoir un petit bol de crème fleurette ? Miam miam !* »

Chat privilégié qui n'a jamais connu la faim ! Quand on a tout le nécessaire, on désire le superflu.

Le lendemain, la supermachine fit sa réapparition. Avec les supercroquettes dedans. Mon cœur et mon estomac se gonflèrent de joie...

Mon humaine avait appris. Elle avait voulu comprendre, discuté avec d'autres humains et décidé de s'en remettre à ma nature féline.

Je mange désormais à volonté. Je grossis en automne-hiver, et je maigris au printemps. Je fais de l'exercice dans les jardins, je chasse, j'adore mes croquettes sans céréales et la nourriture des humains ne m'intéresse pas. Sauf pour jouer à chiper dans l'assiette de mon humaine, bien sûr.

Je vous ai conté la première année de ma vie : ma vie de chatonne avec toutes ses découvertes, ses joies, ses inquiétudes, ses étonnements, ses affections, ses espoirs.

À l'heure où je dicte ces lignes à mon humaine, je suis une belle chatte adulte de deux ans et demi. Je suis élancée, robuste et sûre de moi. Je suis née malingre, chétive, angoissée ; j'ai souffert d'un manque de nourriture, d'amour, d'attention. J'ai appris la lutte pour la vie en développant mes instincts et en cultivant mes attachements. Je suis princesse en mon domaine, maintenant. Curieuse de tout et toujours aimante.

Je vous donnerai de mes nouvelles si vous me le demandez.

En attendant, je crois que mon frère aimerait bien crachouiller quelques miaulements dans le dictaphone...

FIN